ANIMALS
That Make a Difference!

Dolphins
Delfines

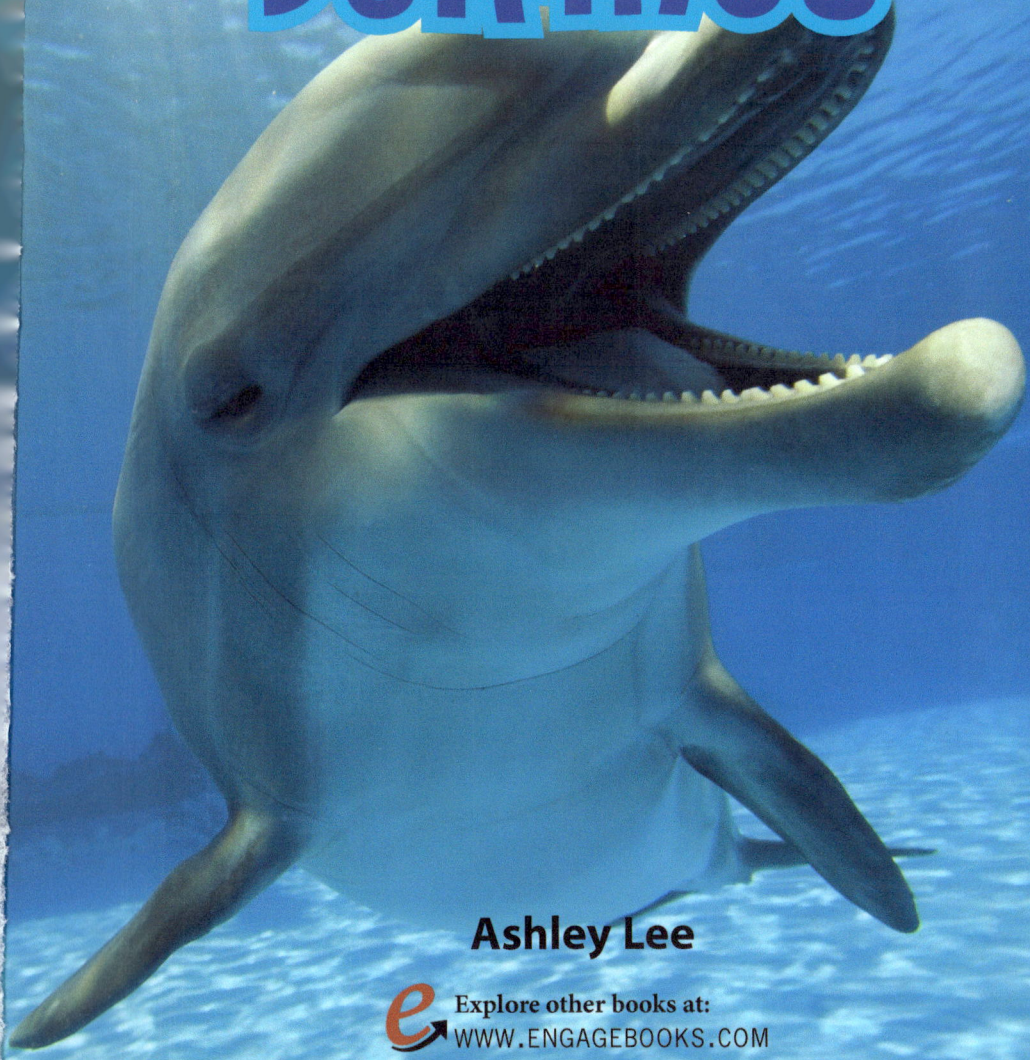

Ashley Lee

Explore other books at:
WWW.ENGAGEBOOKS.COM

VANCOUVER, B.C.

e WWW.ENGAGEBOOKS.COM

Dolphins: Level 1 Bilingual (English/Spanish) (Ingles/Español)
Animals That Make a Difference!
Lee, Ashley 1995 –
Text © 2021 Engage Books
Edited by: A.R. Roumanis
and Lauren Dick
Translated by: Juan Ortega Aliaga
Proofread by: Andrés Cordero

Text set in Arial Regular.
Chapter headings set in **Arial Black**.

FIRST EDITION / FIRST PRINTING

LIBRARY AND ARCHIVES CANADA CATALOGUING IN PUBLICATION

Title: Animals That Make a Difference: Dolphins Level 1 Bilingual (English / Spanish) (Ingles / Español)
Names: Lee, Ashley, author.

ISBN 978-1-77476-392-6 (hardcover)
ISBN 978-1-77476-391-9 (softcover)

Subjects:
LCSH: Dolphins—Juvenile literature
LCSH: Human-animal relationships—Juvenile literature

Classification: LCC QL737.C432 .L44 2020 | DDC J599.53—DC23

Contents Contenidos

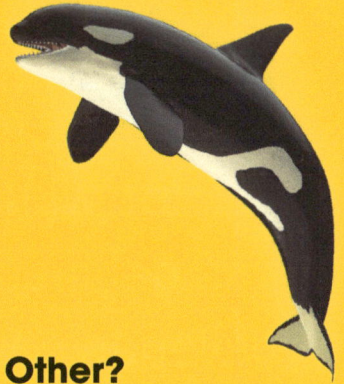

What Are Dolphins?
Qué son los delfines?

Dolphins are small
whales with long noses.

Los delfines son pequeñas
ballenas con narices largas.

4

Dolphins live in groups called pods.
Los delfines viven en grupos llamados manadas.

5

What Do Dolphins Look Like?
Cómo se ven los delfines?

The smallest dolphins are Maui dolphins. They are only 5 feet (1.5 meters) long. The largest dolphins are orcas. They can be up to 30 feet (9 meters) long.

Los delfines más pequeños son los delfines Maui. Ellos son de apenas 5 pies (1.5 metros) de largo. Los delfines más largos son las orcas. Ellas pueden medir hasta 30 pies (9 metros) de largo.

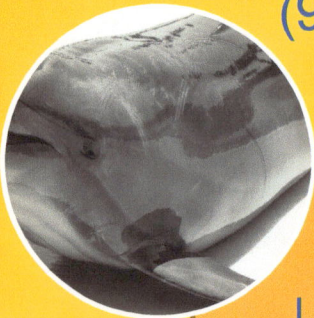

Dolphin skin is smooth. It feels like rubber.
La piel del delfín es suave. Esta se siente como una goma.

Dolphins have a hole on the top of their heads called a blowhole. The blowhole is used for breathing.

Los delfines tienen un agujero en la parte superior de sus cabezas llamado espiráculo. El espiráculo es usado para respirar.

Dolphins have sharp teeth. They have between four and 240 teeth.

Los delfines tienen dientes afilados. Ellos tienen entre cuatro y 240 dientes.

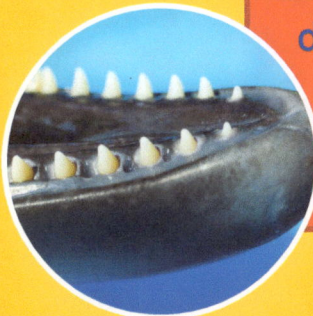

Where Do Dolphins Live?
Dónde viven los delfines?

Dolphins live in shallow water. They need to be able to stick their blowholes out of the water to breathe. Dolphins live in every ocean in the world. Some dolphins live in rivers.

Los delfines viven en aguas poco profundas. Ellos necesitan poder sacar sus espiráculos fuera del agua para respirar. Los delfines viven en todos los océanos del mundo. Algunos delfines viven en ríos.

Hector's dolphins only live near New Zealand. Burrunan dolphins live near the Australian coast. Humpback dolphins can be found near South Africa. Los delfines de Hector solo viven cerca de Nueva Zelanda. Los delfines Burrunan viven cerca de la costa Australiana. Los delfines jorobados pueden ser encontrados cerca de Sudáfrica.

Arctic Ocean
Océano Ártico

South Africa
Sudáfrica

Asia
Asia

New Zealand
Nueva Zelanda

Africa
África

Pacific Ocean
Océano Pacífico

Atlantic Ocean
Océano Atlántico

Australia
Australia

Australian coast
Costa Australiana

Southern Ocean
Océano Antártico

What Do Dolphins Eat?
Qué comen los delfines?

Dolphins eat fish and squid.
Los delfines comen
peces y calamares.

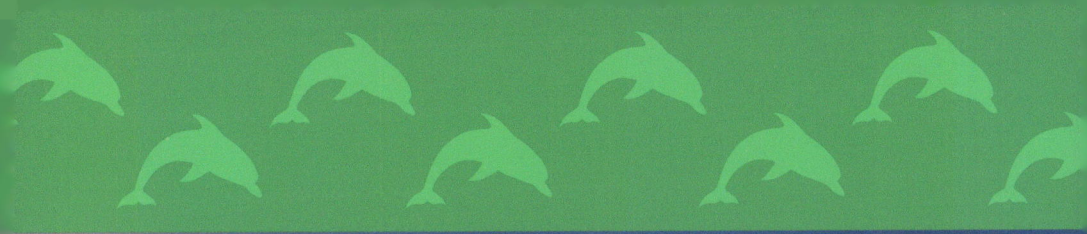

Large dolphins eat sea lions or smaller dolphins.
Los delfines grandes comen lobos marinos o pequeños delfines.

11

How Do Dolphins Talk to Each Other?

Cómo se comunican los delfines entre ellos?

Dolphins talk using clicks, squeaks, and whistles. Every dolphin has a unique whistle.

Los delfines se comunican usando chasquidos, chillidos, y silbidos. Cada delfín tiene un silbido único.

Dolphins find each other using special calls. These calls bounce back to the dolphin when they hit an object. Dolphins hear their calls and can tell where other dolphins are. This is called echolocation.

Los delfines se encuentran unos a otros usando llamados especiales. Estos llamados regresan al delfín cuando impactan con algún objeto. Los delfines escuchan sus llamados y pueden saber donde hay otros delfines. Esto se llama ecolocalización.

Dolphin Life Cycle
El Ciclo de Vida de un Delfín

Baby dolphins are called calves. They have darker skin than adult dolphins.
Los bebés delfines se llaman crías. Ellos tienen la piel más oscura que los delfines adultos.

Calves can travel far with their mother's help. They help them until the calves become strong swimmers.
Las crías pueden viajar largas distancias con la ayuda de sus madres. Ellas ayudan a las crías hasta que estas se conviertan en poderosos nadadores.

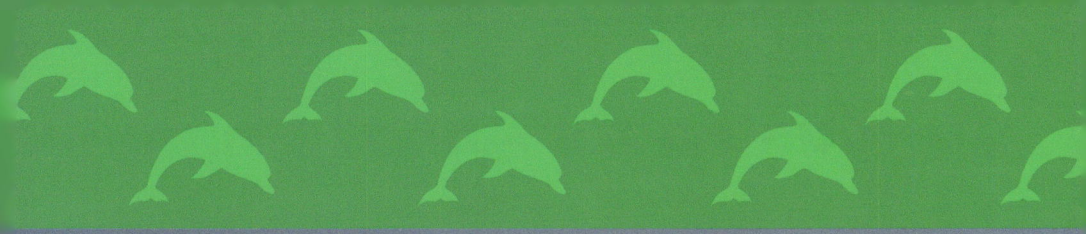

Calves live with their mothers for 3 to 6 years. Some dolphins will stay in the same pod their whole lives.

Las crías viven con sus madres de 3 a 6 años. Algunos delfines se quedan en la misma manada toda su vida.

Most dolphins live for about 30 years. Some dolphins can live for more than 50 years.

La mayoría de delfines viven alrededor de 30 años. Algunos delfines pueden vivir más de 50 años.

Curious Facts About Dolphins

Dolphins have friends. They prefer to spend time with some dolphins more than others.
Los delfines tienen amigos. Ellos prefieren pasar el tiempo con algunos delfines más que con otros.

Dolphins use tools. They will cover their nose with a sponge while they search the ocean floor for food.
Los delfines usan herramientas. Ellos cubren sus narices con una esponja mientras buscan alimento en la profundidad del océano.

Dolphins can jump 20 feet (6 meters) out of the water.
Los delfines pueden saltar 20 pies (6 metros) por fuera del agua.

Datos curiosos acerca de los delfines

Dolphins do not chew their food. They use their teeth to catch fish and swallow them whole.

Los delfines no mastican su alimento. Ellos usan sus dientes para atrapar peces y tragarlos enteros.

Some pods are made up of more than 1,000 dolphins. Pods this large are called superpods.

Algunas manadas están conformadas por algo más de 1,000 delfines. Las manadas así de grandes son llamadas super manadas.

Dolphins are very smart. They can solve problems and plan for the future.

Los delfines son muy inteligentes. Ellos pueden resolver problemas y planear el futuro.

17

Kinds of Dolphins
Tipos de Delfines

Dolphins are related to whales and porpoises. There are about 40 kinds of dolphins. They can be many different colors and sizes.

Los delfines están relacionados con las ballenas y marsopas. Hay alrededor de 40 tipos de delfines. Ellos pueden ser de distintos colores y tamaños.

Bottlenose dolphins are one of the most common kinds of dolphins. They shed and regrow their skin every two hours.

Los delfines de nariz de botella son uno de los tipos más comunes de delfines. Ellos mudan y regeneran su piel cada dos horas.

Orcas are the largest dolphins. They are also called killer whales.

Las orcas son los delfines más grandes. Ellas también son conocidas como ballenas asesinas.

Amazon river dolphins have long snouts. Some of the males are pink.

Los delfines del río Amazonas tienen hocicos largos. Algunos de los machos son rosados.

How Dolphins Help Earth
Cómo los delfines ayudan al planeta

Dolphins are a sign to humans that an area is clean and healthy. Dolphins will disappear from an area if something is not right.

Los delfines son una señal para las personas de que la zona está limpia y saludable. Los delfines desaparecerán de una zona si algo no anda bien.

Scientists know that a habitat is in danger if dolphins disappear from it. This can help scientists keep Earth clean and safe.

Los científicos saben que un hábitat está en peligro si los delfines desaparecen de él. Esto puede ayudar a los científicos a mantener el planeta limpio y seguro.

How Dolphins Help
Other Animals
Cómo Los Delfines Ayudan
A Otros Animales

Dolphins help animals that are hurt.
They will help injured animals to the
surface of the water for air.

Los delfines ayudan a los animales
heridos. Ellos ayudarán a los animales
lastimados llevándolos a la superficie
del agua para que tomen aire.

Dolphins keep oceans healthy by eating sick fish. This prevents diseases from being spread to other fish.

Los delfines mantienen los océanos saludables comiéndose a los peces enfermos. Esto previene enfermedades que podrían contagiar a otros peces.

How Dolphins Help Humans
Cómo Los Delfines Ayudan A Los Seres Humanos

Dolphins have been known to save humans from shark attacks. They will also find help for people who are trapped in the water.

Los delfines son conocidos por salvar a las personas de los ataques de tiburones. Ellos también buscarán ayuda para las personas atrapadas en el agua.

Some dolphins help people catch fish. They guide fish towards fishing boat nets. They are rewarded by eating any fish that escape the nets.

Algunos delfines ayudan a las personas a atrapar peces. Ellos guían a los peces hacia las redes de los botes pesqueros. Ellos son recompensados con los peces que escapan de las redes.

Dolphins in Danger
Delfines en Peligro

Many dolphins can get
stuck in fishing nets.

Muchos delfines pueden
atascarse en las redes de pesca.

This can injure the dolphins. It also stops them from getting to the surface of the water to breathe. Esto puede herir a los delfines. También los detiene de ir a la superficie del agua para respirar.

How To Help Dolphins
Cómo Ayudar A Los Delfines

Dolphins eat garbage they find in the water. This can make them very sick.

Los delfines comen basura que encuentran en el agua. Esto los puede enfermar gravemente.

Many people are cleaning up oceans and rivers to help save dolphins. They are cleaning up garbage and old fishing nets that can hurt dolphins.

Muchas personas están limpiando los océanos y ríos para salvar a los delfines. Ellos limpian la basura y sacan las viejas redes de pesca que puedan dañar a los delfines.

Quiz
Cuestionario

Test your knowledge of dolphins by answering the following questions. The questions are based on what you have read in this book. The answers are listed on the bottom of the next page.

Pon a prueba tu conocimiento acerca de los delfines respondiendo las siguientes preguntas. Las preguntas están basadas en lo que leíste en este libro. Las respuestas están listadas al final de la siguiente página.

1 Where do dolphins live?
Dónde viven los delfines?

2 How do dolphins talk?
Cómo se comunican los delfines?

3 What are baby dolphins called?
Cómo se les llama a los bebés delfines?

4 How far out of the water can dolphins jump?
Qué tan lejos del agua pueden saltar los delfines?

5 How many kinds of dolphins are there?
Cuántos tipos de delfines existen?

6 How do dolphins keep oceans healthy?
Cómo los delfines mantienen al océano limpio?

Explore other books in the Animals That Make a Difference series.

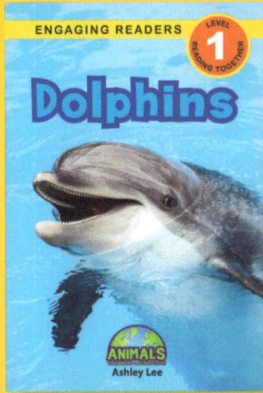

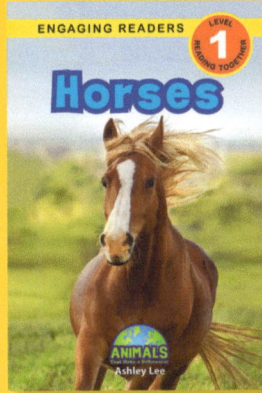

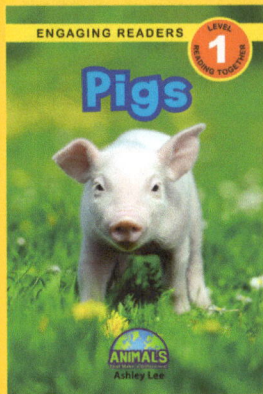

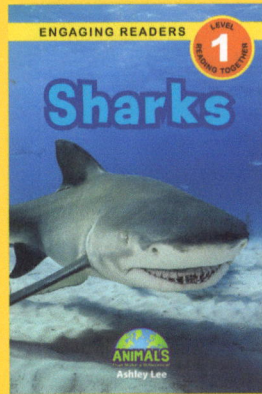

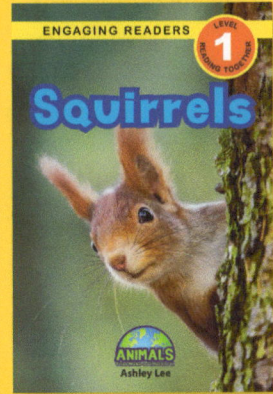

Visit www.engagebooks.com to explore more Engaging Readers.

Respuestas: 1. En aguas poco profundas 2. Mediante el uso de chasquidos, chillidos, y silbidos 3. Crías 4. 20 pies (6 metros) 5. Cerca de 40 6. Comiendo a los peces enfermos

Answers: 1. In shallow water 2. By using clicks, squeaks, and whistles 3. Calves 4. 20 feet (6 meters) 5. About 40 6. By eating sick fish

www.ingramcontent.com/pod-product-compliance
Lightning Source LLC
Chambersburg PA
CBHW040941100426
42813CB00017B/2893